BIBLIOTHÈQUE DU « PHARE LITTÉRAIRE ».

JULES BAULAIN

LES PERPLEXITÉS

DE

Madame *MÉQUOIDIN*

COMÉDIE EN UN ACTE, EN VERS

PRIX : UN FRANC

EN VENTE

Aux bureaux du *Phare Littéraire*, 24, rue Rodier, Paris
et chez tous les libraires.

BIBLIOTHÈQUE DU « PHARE LITTÉRAIRE »

JULES BAULAIN

LES PERPLEXITÉS

DE

Madame MÉQUOIDIN

COMÉDIE EN UN ACTE, EN VERS

PRIX : UN FRANC

EN VENTE

Aux bureaux du *Phare Littéraire*, 24, rue Rodier, Paris
et chez tous les libraires.

PERSONNAGES :

M. MÉQUOIDIN ;

M. BIENS, ami de Méquoidin ;

Mme MÉQUOIDIN ;

ANNETTE, soubrette ;

La Scène se passe à Trémoville, en 188...

LES PERPLEXITÉS

DE MADAME MÉQUOIDIN

COMÉDIE EN UN ACTE, EN VERS

Par Jules BAULAIN

(Le petit salon de Mme Méquoidin. Une porte au fond et une à droite, une cheminée à gauche. Divers meubles et sièges. Au lever du rideau, Mme Méquoidin, en peignoir, est nonchalamment allongée sur une causeuse au coin du feu. Elle est très pâle et paraît souffrante).

SCÈNE PREMIÈRE

Mme MÉQUOIDIN (seule)

(Elle passe à plusieurs reprises la main sur son front)

Mais d'où vient donc un pareil mal de tête ?...
Ce ne peut être à l'admirable fête
De cette nuit que je dois ce tourment ;
Bien d'autres fois j'ai, sans ménagement,
Autant dansé... Que c'est donc vexatoire...
    (Après un moment de silence)
Le joli bal... De ceux dont j'ai mémoire,
Sans contredit, c'est bien le plus brillant
D'entrain, de grâce et d'esprit sémillant.
Si je pouvais, comme en un doux mirage,
De mon bonheur me retracer l'image !...
    (Elle réfléchit un moment)

Le bal était dans toute sa beauté ;
J'étais heureuse et, avec volupté,
Aux doux accords d'une valse entraînante
Qui me grisaient, joyeuse et triomphante,
Conduite par un excellent danseur,
D'un vrai succès je goûtais la douceur.
Joie inouïe un instant entrevue !...
Ah ! je dansais enivrée, éperdue,
En souriant aux mots délicieux
De mon danseur... Je me croyais aux cieux.
Bonheur, hélas ! de trop courte durée,
Il m'a fallu tomber de l'Empyrée
Où je m'étais envolée un moment
Sur l'aile d'or d'un doux ravissement.

(Un moment de silence extatique, puis elle passe la main sur son front)

Ah ! que je souffre ! ..

(Elle jette les yeux sur un meuble et, apercevant un flacon, elle jette un petit cri de joie, se lève précipitamment, prend le flacon du contenu duquel elle verse quelques gouttes sur son mouchoir en disant) :

Un peu d'eau d'Hippocrène
Aura raison de l'affreuse migraine
Qui me torture ..

(Elle applique le mouchoir sur son front et, après l'avoir tenu un moment, elle le retire et jette un soupir de soulagement)

Enfin, je me sens mieux...
Cette eau magique est un bienfait des cieux...
Faut-il, hélas ! qu'un fameux empirique
Ne puisse pas trouver un spécifique
Aussi certain et surtout aussi prompt
Pour...

*(Elle fait un signe qui veut dire : Briser les unions malheureuses. Pendant les derniers mots, M. Méquoidin est entré sans être aperçu de sa femme qu'il interrompt. M*ᵐᵉ *Méquoidin fait un geste de surprise en l'entendant parler).*

SCÈNE II

La Même, M. MÉQUOIDIN

M. MÉQUOIDIN (*s'avançant vers sa femme*)
Eviter quelque nouvel affront.

Mᵐᵉ MÉQUOIDIN (*inquiète*)
Vous avez dit un affront...

M. MÉQUOIDIN (*avec sévérité*)
Sur mon âme,
Votre conduite est celle d'une femme
Que l'on méprise...

Mᵐᵉ MÉQUOIDIN (*avec hauteur*)
Ah ! je voudrais savoir
En quoi j'ai pu manquer à mon devoir.

M. MÉQUOIDIN (*avec ironie*)
Votre devoir...

Mᵐᵉ MÉQUOIDIN
Parlez, je vous écoute...
(*Un moment de silence, puis avec impatience*)
Eh bien ! j'attends.

M. MÉQUOIDIN
Il vous souvient, sans doute,
Que cette nuit, au bal des commerçants,
Vous avez eu des succès *renversants*.

Mᵐᵉ MÉQUOIDIN (*avec plaisir*)
Je m'en souviens... (*changeant de ton*)
Vous y voyez matière
A chicane... Ah ! pendant ma vie entière,
Seul bien d'ailleurs que je puisse envier,
Je compte ainsi m'efforcer d'oublier
L'indifférence et le mépris qu'on ose
M'administrer à si terrible dose.

M. Méquoidin

Eu tous les cas, vous ferez sagement
De supprimer au moins le dénouement.

Mme Méquoidin

Je ne sais pas ce que vous voulez dire,
Et vous semblez être encore sous l'empire
D'un mauvais rêve... (*d'un ton décidé*)
Oui, je m'égayerai.

M. Méquoidin

Et vous croyez que je vous laisserai
Flétrir mon nom par votre intempérance...
N'y comptez pas...

Mme Méquoidin (*avec violence*)

Ah ! c'est trop d'insolence !...

M. Méquoidin

Oserez-vous nier ce mauvais cas ?

Mme Méquoidin (*avec surprise*)

Quel mauvais cas ?... Je ne vous comprends pas,
Expliquez-vous clairement, je vous prie.

M. Méquoidin

N'ayez recours à la supercherie ;
Vous savez bien qu'avant la fin du bal
Vous aviez perdu le sens moral.

Mme Méquoidin (*furieuse*)

Moi... (*s'apaisant, d'un air pincé*)
Vous voulez gracieusement rire
De votre femme...

M. Méquoidin

Et s'il faut tout vous dire,
Trop de plaisir et le champagne aidant,
Il paraîtrait que certain incident

Dont vous allez, j'en ai bien l'espérance,
Très volontiers faire la confidence
A votre époux, serait, fort à propos,
Arrivé pour dérider les badauds
Qui s'ennuyaient à mille écus par tête.

Mme MÉQUOIDIN

Vous adressez bien mal votre requête ;
Je ne sais rien ; de plus, ce qui pour moi
Est étonnant, c'est qu'on dirait, ma foi,
Qu'à mon insu j'ai servi de risée...

M. MÉQUOIDIN (d'un ton moqueur)

Par vos succès vous étiez grisée,
Et les témoins de cet événement
Sont, je le crains, trop nombreux.

Mme MÉQUOIDIN

Sûrement

C'est une erreur, une lourde méprise,
Et, croyez-moi, monsieur, je suis surprise
De voir un homme, avocat de talent,
Croire un cancan stupide et insolent.

M. MÉQUOIDIN

N'espérez pas par un vain subterfuge
Donner le change à votre austère juge,
Et, sachez-le, vous obtiendrez bien mieux
Votre pardon en faisant des aveux.

Mme MÉQUOIDIN

Mais quels aveux ?... Je ne suis pas coupable.

M. MÉQUOIDIN (à part)

Cette assurance est inimaginable.

Mme MÉQUOIDIN

Vous devriez être enfin satisfait
De m'irriter... Ah ! qu'on a bientôt fait

Sur un on-dit d'accuser une femme !
De votre part cela me semble infâme.

M. MÉQUOIDIN

Ma chère amie, un si noble courroux
Ne vous va pas, croyez-moi, calmez-vous,
Et rendez-vous plutôt à l'évidence,
Votre migraine est une conséquence...

Mme MÉQUOIDIN *(l'interrompant)*

Tout simplement de mon amour pour l'art
De Terpsichore ; et puis il était tard
Quand a sonné l'heure de la retraite.

M. MÉQUOIDIN

Trop tard pour vous, et certes je regrette
Sincèrement cette fatalité.

Mme MÉQUOIDIN *(avec douceur)*

N'aurez-vous pas la générosité
De mettre fin bientôt à ce supplice ?

M. MÉQUOIDIN

Si j'avais eu de vous meilleur office
Je vous aurais plus tôt laissée en paix...
Pour ne pas vous déplaire, je m'en vais.

(Il sort).

SCÈNE III

Mme MÉQUOIDIN *(seule)*

Il était temps. Une telle insistance
Allait bientôt lasser ma patience...
(Elle est agitée, va, vient, elle s'arrête et semble réfléchir).
Mais quel est donc cet incident fatal
Qui sans raison me cause tant de mal ?...
(Elle se laisse tomber sur un siège et reste un instant silencieuse)
C'est beau pourtant un bal... de bienfaisance !...
Jamais, je crois, soit dit comme je pense,

Je n'ai goûté pareil enivrement
D'enthousiasme et de contentement.
Donc, en rentrant, par la joie énervée,
Bonheur parfois dont je suis si privée,
J'ai bien été, sans dubitation,
Victime d'une hallucination...
La nuit semblait déjà bien avancée,
Et je dansais, doucement balancée
Par monsieur Biens, danseur plein de talent,
Et qui plus est, cavalier très galant.
Ce qu'il disait... je ne saurais le dire,
Mais chaque mot augmentait mon délire...
J'étais alors dans la félicité,

(Elle pousse un soupir de regret et baisse la tête).

Et maintenant dans la perplexité.

(Un moment de silence, puis elle relève la tête comme si elle venait de prendre une décision importante).

N'y pensons plus, je suis assez malade,
Encor de plus cette pantalonnade
M'a tellement travaillé le cerveau
Que j'ai le front comme dans un étau...
Je veux chasser cette vilaine histoire
Qui malgré moi, revient à ma mémoire ;
C'est impossible, et ce rêve maudit
Est toujours là présent à mon esprit.

(Elle baisse la tête. Un moment de silence. Puis la soubrette entre avec violence et paraît en colère).

SCÈNE IV

La même, ANNETTE

Mᵐᵉ MÉQUOIDIN *(d'un ton sévère)*

Ici, pourquoi venir sans que j'appelle ?...

ANNETTE

Je vais bien sûr en perdre la cervelle,
Si ce n'est fait ; le diable, c'est certain,

Me joue un tour, car depuis ce matin
Je cherche en vain, c'est à ne pas y croire...

Mᵐᵉ MÉQUOIDIN *(inquiète)*

Quoi donc ? Encor quelque nouvelle histoire...
Avez-vous donc entrepris tous les deux
De m'énerver avec vos contes bleus ?

ANNETTE

Ah ! si madame, elle toujours si bonne,
Voulait calmer l'ennui qui me chiffonne,
Elle pourrait peut-être d'un seul mot...

Mᵐᵉ MÉQUOIDIN

Voyons, parlez, finissons au plus tôt.

ANNETTE

Probablement, Madame se rappelle
Que j'ai cousu la superbe dentelle
D'un si grand prix à son...

Mᵐᵉ MÉQUOIDIN *(l'interrompant)*

            Je sais, eh bien !

ANNETTE ,

J'ai beau chercher, je ne trouve plus rien...

Mᵐᵉ MÉQUOIDIN *(avec tristesse)*

Plus rien...

ANNETTE

      Pas plus que de perruque en broche.

Mᵐᵉ MÉQUOIDIN

Quelle journée !... encore une anicroche...
Peut-être qu'en cherchant...

ANNETTE

          C'est temps perdu
D'autant plus que, si j'ai bien entendu
Ce qu'en rentrant Madame a voulu dire,

Il paraîtrait qu'elle a dû beaucoup rire
De l'embarras dans lequel s'est trouvé
Son cavalier... (*elle sourit*).

Mme MÉQUOIDIN (*avec désappointement*)

(*A part.*) Je n'ai donc pas rêvé...

ANNETTE

A ce sujet...
(*Elle fait semblant de déranger quelques bibelots sur un
meuble au fond de la scène*)

Mme MÉQUOIDIN

J'ai bien été victime,
A mon insu, d'un petit drame intime...
(*A part*). Quand je devrais y perdre mon bonnet,
Dans peu d'instants j'en aurai le cœur net.
(*Elle va s'asseoir sur la causeuse au coin du feu*)
(*Haut*). Annette... (*Celle-ci vient vers sa maîtresse*).
Quand j'ai quitté la voiture,
N'auriez-vous rien vu sur ma figure,
Dans mon langage ou mon ajustement
De singulier ? Répondez franchement.

ANNETTE

Non, je n'ai rien présent à la mémoire.

Mme MÉQUOIDIN

Ne mentez pas...

ANNETTE

Madame peut me croire.

Mme MÉQUOIDIN

Pourtant j'en doute ; à votre œil pénétrant
Je n'ai pu le cacher en rentrant...
(*Elle s'éloigne un peu du feu*)
Ce feu trop vif me fait mal à la tête...
Dites-moi tout, que rien ne vous arrête,
Et n'omettez surtout aucun détail.

Apportez-moi d'abord mon éventail.
(*La soubrette va chercher l'éventail et l'apporte à sa maîtresse*
qui s'en sert comme d'un écran).

ANNETTE

J'ai remarqué, quand madame est rentrée
Que sa figure était plus altérée
Que d'habitude, et, ses yeux plus brillants
Disaient assez les succès éclatants
Que sa beauté, sa grâce sans égale
Avaient conquis sur plus d'une rivale

Mme MÉQUOIDIN (*avec fatuité*)

J'ai su tirer parti jusqu'à présent
D'agréments dont le ciel m'a fait présent.
Après.

ANNETTE

Madame était très enjouée,
Et, bien qu'elle eût la voix toute enrouée,
Elle causait et riait encor plus
De ses discours cependant bien pointus.

Mme MÉQUOIDIN (*d'un ton vexé*)

Vraiment...

ANNETTE

Hélas ! que madame pardonne
Si les détails trop vrais que je lui donne
A contre cœur ont, malgré mon désir,
Pu lui causer le moindre déplaisir.

Mme MÉQUOIDIN

Prenez pitié de ma déconvenue
Et tâchez d'être un peu moins ingénue ;
Continuez, je veux absolument
De tout ceci savoir le dénouement.

ANNETTE

Le dénouement... bien mieux que moi, madame
Doit le savoir.

Mme Méquoidin

            Non, c'est un amalgame
Si tellement confus dans mon esprit
Que tout pour moi ressemble à du sanscrit.

Annette

Ce qu'à présent je sais est peu de chose.

Mme Méquoidin

Bien peu parfois sert une grande cause,
Dites-moi tout ce que j'ai dit ou fait.

Annette

Souvent madame, en parlant du buffet,
D'un rire fou ne pouvait se défendre,
Mais je n'ai pu réussir à comprendre
Pourquoi parfois, tout en riant aussi,
Elle semblait avoir comme un souci.

Mme Méquoidin

Ecoutez-moi, car c'est toute une histoire.
Je vais, autant que permet ma mémoire,
Vous confier ce terrible secret ;
Mais, sachez-le, j'aurais bien du regret
Si mon mari connaissait cette affaire...
(A part). Il faudrait donc de leur rôle ordinaire
Voir deux amis, sans espoir de pourvoi,
L'un avec l'autre échanger leur emploi.

Annette

Madame sait combien je suis discrète.

Mme Méquoidin

Oui, ce n'est pas là ce qui m'inquiète,
Je crains plutôt qu'un malheureux hasard
A mon mari l'apprenne tôt ou tard.

Annette *(avec curiosité)*

Alors c'est donc un secret redoutable...

Mᵐᵉ MÉQUOIDIN (*avec un soupir*)

Cela dépend. L'union véritable
Entre nous deux a cessé d'exister
Depuis longtemps...
(*Elle se tait un moment et baisse la tête, puis la relevant elle
continue d'un ton délibéré*)
                        Mais à nous attrister
Que servirait de passer notre vie
Quand à l'oubli le plaisir nous convie ?
Je crains donc peu de son attachement
Un plus ou moins grand refroidissement ;
Mais je crains bien l'infâme ridicule,
La raillerie...

ANNETTE

            Ah ! c'est trop de scrupule

Mᵐᵉ MÉQUOIDIN

J'aimerais mieux affronter un mépris
Qu'un quolibet, voyez-vous

ANNETTE

                        J'ai compris,
Heureusement, madame ne doit craindre
Ni l'un ni l'autre,

Mᵐᵉ MÉQUOIDIN

                    Et je ne puis m'en plaindre
(*Poussant un soupir*)
Pourtant qui sait ? Peut-être qu'avant peu
J'aurai des deux essuyé plus d'un feu,
Car l'univers, jamais j'en suis bien sûre,
Ne fut témoin de pareille aventure.
Pendant qu'avec monsieur Biens je dansais,
Que, toute entière, en plein je me lançais
Dans le plaisir, sublime panacée,
Je me sentis par la jambe enlacée
Subitement, sans deviner par quoi
Tant étaient grands mon trouble et mon effroi.

En peu d'instants, moi qui suis assez prompte
A concevoir, je pus me rendre compte
De l'accident qui, si fatalement
Mettait un terme à mon enchantement.
Par la terreur j'avais l'âme brisée,
Je me voyais devenant la risée
De tout le bal... Craignant un tel affront,
Je m'arrêtai, la rougeur sur le front,
Car je n'avais pour briser mon entrave,
Qu'un seul parti, je dus le prendre en brave.
J'avouai donc mon extrême embarras
A mon danseur, et saisissant son bras
Pour soutenir ma marche chancelante,
Je pus quitter la salle étincelante
Sans que personne ait même soupçonné
Un seul instant mon tourment de damné...

ANNETTE (*d'un ton interrogatif*)

Madame était sauvée...

Mᵐᵉ MÉQUOIDIN

Erreur complète.
Dans ce taudis où plus d'un sot décrète,
J'eus beau chercher je ne réussis point.
A découvrir le moindre petit coin
Où j'eusse pu loin de toute ingérence,
Et à défaut d'un endroit dit... d'aisance,
Sans plus tarder, lâcher l'objet maudit
Qui m'avait fait perdre un moment l'esprit.
Ah ! je rageais d'être ainsi prisonnière ;
De monsieur Biens la figure en cornière
M'exaspérait, et plus il s'efforçait
De m'être utile et plus il m'agaçait,
L'orchestre aussi, jouant à perdre haleine,
Semblait vouloir ajouter à ma peine,
Et chaque pas au rhythme cadencé
Sonnait un glas dans mon cœur courroucé.
N'y tenant plus, d'envoyer tout au diable

J'eus bientôt fait ; déchirant le coupable
En cent morceaux, je pus par ce moyen
Me dégager de mon bizarre lien.
Là m'attendait encore une autre transe.
Juste au moment où de ma délivrance
J'avais en main le trophée en lambeaux,
Ne sachant où cacher ces bibelots,
Les violons font tout à coup silence,
Et des danseurs bientôt le flot s'élance
Vers le buffet... C'était juste l'endroit
Où je venais d'accomplir mon exploit,
Car je ne pus jamais en trouver d'autre.
Mais monsieur Biens, comme un fidèle apôtre,
Heureusement suivait partout mes pas,
Et devinant mon extrême embarras,
Sans dire un mot, de mes mains il arrache
L'horrible loque et prestement la cache
Sous son habit... Il était temps, sans lui,
Oh ! je serais la risée aujourd'hui
De la cité...

ANNETTE

C'est heureux pour Madame.

Mme MÉQUOIDIN

Oui, je n'ai plus à craindre l'épigramme ;
Mon sauveur est, j'espère assez discret,
Pour n'aller pas divulguer ce secret.

(*On entend un coup de sonnette*)

ANNETTE

On a sonné.

Mme MÉQUOIDIN

C'est monsieur Biens, sans doute,
Allez ouvrir (*Annette sort*).

SCÈNE V

Mme MÉQUOIDIN (*seule*)

Malgré moi je redoute
D'apprendre encor quelques atrocités,

Car la journée est aux perplexités...
Bast !... Après tout, que pourrait-il m'apprendre.
De nouveau ?... Rien, il vient plutôt me rendre
Mon...

SCÈNE VI

La même, M. BIENS, ANNETTE

ANNETTE (*annonçant*)

Monsieur Biens.

M. BIENS (*entrant*)

Pardon, je vous dérange
Madame...
(*Mme Méquoidin fait signe à Annette de se retirer. Celle-ci sort*)

SCÈNE VII

Mme MÉQUOIDIN, M. BIENS

Mme MÉQUOIDIN

Non.

M. BIENS

Quelque chose d'étrange
M'est arrivé...

Mme MÉQUOIDIN (*inquiète*)

Quoi donc ?

M. BIENS

Ah ! votre...

Mme MÉQUOIDIN

Eh bien !

M. BIENS

J'ai beau chercher, je ne trouve plus rien.

Mme MÉQUOIDIN

Quoi, vous aussi...

M. Biens (*avec surprise*)

Moi... que voulez-vous dire ?

Mᵐᵉ Méquoidin

Que franchement de moi vous voulez rire ;
C'est par vous trois, bien sûr, un coup monté
Pour abuser de ma crédulité.

M. Biens

Détrompez-vous.

Mᵐᵉ Méquoidin

Mon mari, puis Annette
M'ont, avant vous, conté cette sornette,

M. Biens

Une sornette...

Mᵐᵉ Méquoidin

Oui, d'un rêve insensé,
Récit stupide autant que déplacé.

(*M. Biens fait la grimace*)

Je ne croirai jamais à cette fable
Si je n'en vois la preuve irrécusable.
Prouvez-moi donc que je n'ai pas rêvé.

M. Biens

Le témoignage en serait tout trouvé
Si je pouvais en ce moment vous rendre
Un objet que, malgré vous, j'ai dû prendre.

Mᵐᵉ Méquoidin

Pour me tirer d'embarras, j'en conviens ;
J'étais perplexe et sans vous, monsieur Biens...

M. Biens

Ce que j'ai fait, je l'ai cru nécessaire.

Mᵐᵉ Méquoidin

Recevez-en mon merci bien sincère.

M. BIENS

Et si j'ai pu vous servir en cela
Mon seul mérite est d'avoir été là.

Mᵐᵉ MÉQUOIDIN

Pour me servir jusqu'au bout j'en suis sûre,
Vous voudrez bien taire cette aventure.

M. BIENS

Je dois vous dire et c'est bien à regret
Qu'elle n'est plus pour personne un secret.

Mᵐᵉ MÉQUOIDIN (*surprise et contrariée*)

Que dites-vous ?

M. BIENS

La vérité, madame.

Mᵐᵉ MÉQUOIDIN

Ah ! je m'y perds dans tout cet amalgame.
Hélas ! que faire ?... Enfin que devenir ?...
De tout ceci que va-t-il advenir ?...
C'est pour le coup que la caricature
Va s'emparer de ma mésaventure,
Et l'on verra d'un officier civil
La femme enfin par quelque nouveau Gill
Indignement tournée en ridicule ..
A ce penser, je sens la tarentule
Qui m'aiguillonne...

M. BIENS

A quoi bon tant d'émoi ?

Mᵐᵉ MÉQUOIDIN

Et tout le monde aussi rira de moi...
Ou bien encor l'ironique satire
Accordera sa redoutable lyre
Pour fabriquer, en des termes plaisants,
Sur mon malheur des récits amusants...

C'est impossible et cette affreuse histoire
Me fait l'effet d'un pacte collusoire
A mes dépens fait pour vous amuser.

M. BIENS

Permettez-moi de vous désabuser,

Mme MÉQUODIN (*d'un son sec*)

Enfin, monsieur, abrégeons cette épreuve,
Je vous en prie, et rendez-moi...

M. BIENS

La preuve
Que je dis vrai, regardez, la voilà :
        (*Il retourne les poches de son pardessus*)
Plus rien... pourtant je l'avais bien mis là.

Mme MÉQUOIDIN

Et maintenant il va falloir admettre
Qu'au risque de par là me compromettre,
Vous avez dû l'égarer au buffet
Ou bien le perdre en chemin.

M. BIENS

Au buffet...
Non, je ne puis m'adresser ce reproche,
Car je l'ai mis aussitôt dans la poche
De mon habit, puis dès que je le pus
Je le cachai (*il montre la poche de son pardessus*)
        là... dans mon pardessus.
Quant à l'avoir laissé tomber en route,
Je n'avais garde et le motif, sans doute,
Vous convaincra, madame... En aucun cas
On ne saurait perdre ce qu'on n'a pas.

Mme MÉQUOIDIN (*en colère*)

Ah ! c'est trop fort !... Quelle énigme nouvelle
Vient augmenter mon angoisse cruelle ?..
Où peut-il être ?...

M. BIENS

Il a dû m'être pris.

Mme MÉQUOIDIN

Est-il possible ?

M. BIENS

Et je suis bien surpris
Si l'inconnu qui s'est rendu coupable
De ce larcin...

Mme MÉQUOIDIN (*faisant la moue*)

Larcin est charitable

M. BIENS

Si le voleur n'est pas intéressé
Dans cette affaire... et il serait sensé
A mon avis, de penser que peut-être
Votre mari...

Mme MÉQUOIDIN (*vivement*)

C'est bien peu le connaître
Si vous croyez qu'il s'occupe de moi
Au point d'avoir remarqué mon émoi,
Et de chercher à me rendre service.

M. BIENS

Vous commettez, madame, une injustice
En imputant à monsieur Méquoidin
Si peu de zèle et autant de dédain.

Mme MÉQUOIDIN

Une injustice... Ah ! si j'osais vous dire
Ce que je souffre et quel est mon martyre,
Jamais un mot, une marque d'amour,
L'indifférence enfin... la nuit, le jour.

SCÈNE VIII

Les Mêmes, M. MÉQUOÏDIN

*(M. Méquoïdin est entré sans être entendu pendant les deux
derniers vers)*

M. MÉQUOÏDIN *(s'avançant)*

Vous dites vrai, madame. A qui la faute
Si mon amour pour vous est à la côte ?
N'avez-vous pas, méprisant le danger,
Assez fait pour l'aider à naufrager ?...

Mme MÉQUOÏDIN *(affectant un air surpris)*

Moi...

M. MÉQUOÏDIN

N'accusez personne que vous-même
De ce malheur.

Mme MÉQUOÏDIN

Pourtant moi je vous aime.

M. MÉQUOÏDIN *(souriant)*

C'est un amour tout de convention,
Amour volage et sans conviction.
Je ne m'y suis jamais trompé, du reste,
Et, je le sais, pour vous d'un palimpseste
Notre contrat a juste la valeur.

Mme MÉQUOÏDIN

Cet affront met le comble à ma douleur.
(*Elle se met à pleurer*)

M. BIENS

Consolez-vous, madame.

M. MÉQUOÏDIN *(à M. Biens)*

Ami, ces larmes
A ses beaux yeux donnent de nouveaux charmes

M. BIENS

Ne raillez pas; votre cœur généreux
Ne peut avoir pour ce jeu rigoureux
Aucun attrait.

M. MÉQUOIDIN

Il me semble agréable
En ce moment.

M. BIENS

N'est-il pas pardonnable
Cet accident ?

Mme MÉQUOIDIN

Qui pouvait arriver
A chaque dame.

M. MÉQUOIDIN

Il fallait l'esquiver,

Mme MÉQUOIDIN

Comment ?

M. MÉQUOIDIN

Ce mot a lieu de me surprendre ;
Si nous voulons finir par nous entendre,
Expliquons-nous clairement.

Mme MÉQUOIDIN (*à M. Biens*)

Du débat.
Soyez, monsieur, le juge et l'avocat,

M. MÉQUOIDIN

C'est une idée. En un réquisitoire
Clair et succint, racontez-moi l'histoire
Que vous savez d'un fait original
Qui, cette nuit, a déridé le bal.

M. BIENS

Un fait auquel vous prîtes part, cher maître...
Bien mieux que moi vous devez le connaître.

M. Méquoidin

Moi... pas du tout.

M. Biens (*souriant avec malice*)

Au moins le dénouement.

M. Méquoidin (*d'un ton sérieux*)

Le dénouement est triste assurément,
Ne riez pas.

M. Biens (*avec inquiétude*)

Mais que voulez-vous dire ?
Je n'y comprends plus rien et je désire
Avoir de vous une explication.

M. Méquoidin (*regardant sa femme*)

Non, ce serait une indiscrétion,

Mme Méquoidin

Je ne crains rien, vous me rendrez service,
Parlez, (*désignant M. Biens*)
Monsieur fera bonne justice
D'un racontar que je crois médisant,
    (*regardant son mari d'un air dédaigneux*)
Inventé par un esprit malfaisant.

M. Méquoidin (*furieux*)

Assez, madame... A votre caractère
Mettez un frein...

M. Biens (*l'interrompant*)

Jamais de ce mystère
Nous ne pourrons sortir en vérité,

Mme Méquoidin

Pas plus que moi de ma perplexité,

M. Méquoidin

Il n'est, dit-on, pas de feu sans fumée,
Les moindres faits sont par la renommée

Souvent grandis, je ne l'ignore pas,
Et c'est encor probablement le cas.
D'après un bruit répandu dans la ville
Et qui, depuis ce matin désopile
Les habitants, il paraît, mon ami,
Que, cette nuit, au bal on a bien ri
D'un accident, d'un ordre tout intime,
Dont une dame aurait victime...

Mᵐᵉ MÉQUOIDIN (*avec tristesse*)

On dit cela...

M. MÉQUOIDIN (*d'un air narquois*)

Parfaitement...

Mᵐᵉ MÉQUOIDIN (*avec force*)

Malheur !

M. MÉQUOIDIN (*avec dérision*)

Qu'avez-vous donc ?... Vous changez de couleur ..
Pourquoi cet air, cette piteuse mine ?...
De l'aventure êtes-vous l'héroïne ?...

Mᵐᵉ MÉQUOIDIN (*avec hauteur*)

Et si c'était...

M. MÉQUOIDN (*souriant*)

Vous l'avouez enfin,
Vous êtes plus franche que ce matin.

M. BIENS

Laissez-moi prendre à mon tour la parole
Et vous conter, sans aucune hyperbole
L'événement,

M. MÉQUOIDIN

C'est le plus court moyen
De terminer ce pénible entretien.

SCÈNE IV

Les mêmes, ANNETTE

(En entrant, Annette parait joyeuse, elle tient à la main un paquet blanc roulé)

ANNETTE *(entrant)*

Je l'ai trouvée enfin cette dentelle

Mᵐᵉ MÉQUOIDIN *(avec joie)*

Dieu soit loué !... Mais où diable était-elle ?
(Annette s'approche de M. Méquoidin et montrant la poche du pardessus de celui-ci)

ANNETTE

Tout était... là... *(appuyant sur ce mot)*

Mᵐᵉ MÉQUOIDIN *(jouant l'étonnement)*

Dans votre pardessus...

M. MÉQUOIDIN

Qui l'avait mis ?

Mᵐᵉ MÉQUOIDIN

Pas moi,

M. MÉQUOIDIN

Ni moi non plus.

M. BIENS

Ah ! je comprends. Semblables l'un à l'autre
Nos pardessus m'ont trompé ; dans le vôtre
J'ai mis, croyant le mettre dans le mien.
(M. Méquoidin prend le paquet d'Annette, le déroule et on voit un pantalon de femme tout déchiré)

M. MÉQUOIDIN *(riant)*

Cet objet... Tout est bien qui finit bien.
(Mᵐᵉ Méquoidin arrache le pantalon des mains de son mari et s'empresse de le cacher. La toile tombe.)

Issoudun. — Imp. Eug. MOTTE

Tirage à 100 Exemplaires

L'Imprimeur,

E. Motte

www.ingramcontent.com/pod-product-compliance
Lightning Source LLC
LaVergne TN
LVHW020457060726
842525LV00005B/1757